المحبة المسرفة

ديريك برنس

المحبة المسرفة

Originally published in English under the title
Eztravagant Love
ISBN 978-0-934920-99-5

Copyright © 1973, 2002 Derek Prince Ministries_International.

المـــؤلـــف: ديريك برنس
النـــا شـــر: المؤسسة الدولية للخدمات الاعلامية
ت: ٩٨٨٩ ٨٥٥ ١٠٠ ٢٠+
المطبعـــة: مطبعة سان مارك ت: ٢٣٤١٨٨٦١ ٢٠٢+
التجهيـز الفنـي: جي سي سنتر ت: ٢٦٣٧٣٦٨٦ ٢٠٢+
الموقع الالكتروني: www.dpmarabic.com
البريـد الالكترونـي: sales@dpmarabic.com
رقـم الايـداع: ٢٢٠٦٣ ـ ١/١٠/٢٠٠٧
التـرقيم الدولـي: 977-6194-09-5

Derek Prince Ministries_International
PO Box 19501
Charlotte, North Carolina 28219
USA
Translation is published by permission

Copyright © 2013 Derek Prince Ministries_International

www.derekprince.com

DPM

الفهرس

نبذة عن المؤلف

ولــد «ديريـك برنـس» في الهنـد من أبويــن بريطانيين. تعلـم اليونانيـــة واللاتينيـــة في جامعتـــي «إيتـون» و«كامبريــدج» في بريطانيـا. وتعلـم اللغتيـن العبريــة والآراميـة في جامعتي كامبريــدج والجامعة العبرية في القدس.

في السـنوات الأولـى من الحـرب العالمية الثانية، بينما كان يخـدم في إحدى المستشـفيات قبـل «ديريـك برنـس» المسيـح مخلصــاً. وبعـد انتهـاء الحـرب، بقـي ديريـك مع زوجتـه الأولى «ليديا» في القدس، مـع عائلتهما المكونة مـن ثماني بنـات بالتبني في بيت الأطفال الذي أسسـته «ليديـا» هنـاك. وعندما رحلا إلى كينيا ليشغل منصبـاً تعليميـاً، وتبنيا طفلة إفريقية تاسعة. توفيت «ليديا» عام ١٩٧٥، وتـزوج ديريك مـرة أخرى في عـام ١٩٧٨، ومـع أطفـال زوجته الثانية «روث» الثلاثة أصبـح لديريك إثنى عشر طفلاً، وعدد كبير من الأحفاد.

«ديريـك برنـس» معـروف دوليـاً كأحـد رواد معلمـي

الكتـاب المقدس في العالم. كتب أكثر من ٣٠ كتاب، تُرجمت إلى أكثر من ٥٠ لغة.

المحبة المسرفة

ستقودك المحبة المسرفة إلى بُعد جديد من الامتنان والشكر للّه والتجاوب معه. هل يدهشك استخدام كلمة «المسرفة»؟! إنها كلمة مناسبة لأنني إنما أتحدث أولاً وقبل كل شيء عن محبة اللّه.

المحبة هي طبيعة اللّه ذاتها. اللّه أعظم كثيراً وأكبر جداً مما نتخيل، وهذا ينطبق على محبته أيضاً. إن محبتنا البشرية غالباً ما تكون ضئيلة وشحيحة وأنانية. أما محبة اللّه فواسعة، لا حدود لها، وهي أيضاً مسرفة.

فيما يلي صلاة يرفعها بولس من أجل شعب اللّه، ونجدها في (أفسس ٣: ١٤-١٩):

«بِسَبَبِ هَذَا أَحْنِي رُكْبَتَيَّ لَدَى أَبِي رَبِّنَا يَسُوعَ الْمَسِيحِ، الَّذِي مِنْهُ تُسَمَّى كُلُّ عَشِيرَةٍ فِي السَّمَاوَاتِ وَعَلَى الأَرْضِ، لِكَيْ يُعْطِيَكُمْ بِحَسَبِ غِنَى مَجْدِهِ

أَنْ تَتَأَيَّدُوا بِالْقُوَّةِ بِرُوحِهِ فِي الإِنْسَانِ الْبَاطِنِ، لِيَحِلَّ الْمَسِيحُ بِالإِيمَانِ فِي قُلُوبِكُمْ، وَأَنْتُمْ مُتَأَصِّلُونَ وَمُتَأَسِّسُونَ فِي الْمَحَبَّةِ، حَتَّى تَسْتَطِيعُوا أَنْ تُدْرِكُوا مَعَ جَمِيعِ الْقِدِّيسِينَ مَا هُوَ الْعَرْضُ وَالطُّولُ وَالْعُمْقُ وَالْعُلْوُ، وَتَعْرِفُوا مَحَبَّةَ الْمَسِيحِ الْفَائِقَةَ الْمَعْرِفَةِ، لِكَيْ تَمْتَلِئُوا إِلَى كُلِّ مِلْءِ اللَّهِ».

الموضوع المركزي في صلاة بولس من أجلنا نحن شعب اللَّه، هو أن نعرف محبة اللَّه. فهو يصلي أن نتأصل ونتأسس في المحبة وأن ندرك عرض وطول وعمق وعلو محبة اللَّه. ثم يختم بولس قائلاً: «**وَتَعْرِفُوا مَحَبَّةَ الْمَسِيحِ الْفَائِقَةَ الْمَعْرِفَةِ...**» فيالها من مفارقة! كيف نعرف محبةً تفوق المعرفة ؟! أعتقد أن الإجابة تكمن في أننا لا نعرفها بقدراتنا العقلية، بل من خلال إعلان كلمة اللَّه بالروح القدس. إنها إعلان يأتي إلى أرواحنا، لا إلى أذهاننا. والهدف من رسالتنا هذه هو النظر في عدة مقاطع كتابية توفر لنا المعايير التي نقيس بها محبة اللَّه.

كنز في حقل

ننظـر أولاً في مثـل مـن أمثـال الرب يسـوع في (متـى ١٣: ٤٤)، وهـو مثـل الكنز المخفي في حقل. والمثل قصة بسيطة تستعير صورها من أمور مادية أرضية مـألوفة لجميع السامعين، وكذلك كانت أمثال يسـوع، أمـا الهـدف مـن أمثاله فهو إعلان أمور أبدية روحيـة غـير مرئية. وهكـذا يكون المشهد المألوف والقصـة المألوفـة بمثابة مرآة تعكـس أمـوراً روحية مرئية وغير مـألوفة. ويسـوع يستخدم ذلك بأسلوب المعلم الجيد، منتقلاً من المعلوم إلى المجهول؛ فتراه يبدأ من أشياء مـألوفة لسـامعيه ويقودهم منها إلى مـا لم يألفوه من قبـل. وبينما نقرأ مثـلاً، علينا أن نسـأل أنفسنا: ما هي الأمور الروحية التي تنعكس عن الأشـياء المادية المذكورة في المثل؟ فلنقرأ مثل الكنز المخفي ومن ثَمَّ أفسره لكم.

«... أَيْضاً يُشْبِهُ مَلَكُوتُ السَّمَاوَاتِ كَنْزاً مُخْفىً فِي حَقْلٍ وَجَدَهُ إِنْسَانٌ فَأَخْفَاهُ. وَمِنْ فَرَحِهِ مَضَى وَبَاعَ كُلَّ مَا كَانَ لَهُ وَاشْتَرَى ذَلِكَ الْحَقْلَ».

ما أبسط هذا! ما هي الحقائق الروحية التي تعلنها هذه الأقصوصة الوجيزة؟ سأقدم لكم تفسيري الخاص الذي أعتقد أنه يتوافق مع مبادئ كلمة اللّه المكتوبة. ولا أقول أن ما أقدمه هو التفسير الوحيد، بل هو تفسيري الخاص فحسب.

الإنسان الذي وجد الكنز هو يسوع. الحقل هو العالم. وهذا ما يؤيده متى ١٣ في مثل آخر. نحن أمام مبدأ يظهر في الأمثال السبعة الواردة في متى ١٣، فماذا عن الكنز؟ أعتقد أن الكنز هو شعب اللّه في العالم.

ولما اكتشف الرجل أن هناك كنزاً في الحقل، تصرف تصرفاً حكيماً. لم يخبر الجميع حالاً عن الكنز، بل أخفاه كما يقول الكتاب. لقد عرف أن

اكتشـاف النـاس لحقيقة وجود كنز في الحقل، سيثير منافسة شديدة. فمـاذا فعل؟ أخفاه وقرر شراء الحقل كله. تذكر أنه لم يكن يريد الحقل نفسه، بل يريد الكنز الذي في الحقل، لكنه كان واقعياً إلى الحد الذي أدرك فيه أن الحصـول على الكنز يتطلـب دفع ثمن الحقل كلـه. وكان ثمن الحقل كبيراً جداً بالنسبة إليه؛ لقد كلفه كل ما لديه، لكنه فعل ذلك بفرح لأنه علم قيمة الكنز الذي سيحصل عليه.

وأسـتطيع أن أتخيـل دهشـة الناس هنـاك: « مـا الـذي يريـده فلان مـن حقـل كهذا؟! إنه لا يصـلح لشيء، وليست فيه عقارات ذات قيمة، ولا هو صالح للزراعـة، فـلا ينبت فيه سـوى الشـوك! لمـاذا يدفع مبلغاً كهذا لشراء حقـل مثل هذا الحقل؟! فنرى أنهم لم يعرفـوا شـيئاً عن الكنز. شـخصٌ واحـدٌ فقط عرف عن الكنز هو يسوع. فدفع ثمن العالم كله لكي يمتلك الكنـز المخفي في الحقل،وذلك الكنز هو شـعب اللَّـه. ننتقل إلى عـدد كتابي آخر مـألوف في العهد الجديد؛

إنه (يوحنا ٣: ١٦):

«**لأَنَّهُ هَكَذَا أَحَبَّ اللَّهُ الْعَالَمَ حَتَّى بَذَلَ ابْنَهُ الْوَحِيدَ، لِكَيْ لاَ يَهْلِكَ كُلُّ مَنْ يُؤْمِنُ بِهِ، بَلْ تَكُونُ لَهُ الْحَيَاةُ الأَبَدِيَّةُ**».

أحب اللَّه العالم وبذل حياة ابنه يسوع ليفدي العالم.لكن حصة اللَّه من العالم هي « **كُلُّ مَنْ...**».

نعم، «**كُلُّ مَنْ يُؤْمِنُ بِهِ... لا يهلك**» ومجموع من تنطبق عليه العبارة «كُلُّ مَنْ» يمثل ذلك الكنز في الحقل الذي مات يسوع لكي يشتريه. لقد فدى (اشترى) العالم من أجل «**كُلُّ مَنْ**»!، وفي (تيطس ٢: ١٤)، نرى الحقيقة نفسها من جديد. والحديث هنا عن يسوع المسيح.

«**الَّذِي بَذَلَ نَفْسَهُ (هذا هو الثمن: نفسه ... كل ما لديه) لأَجْلِنَا، لِكَيْ يَفْدِيَنَا (أي يشترينا مسترداً إيانا) مِنْ كُلِّ إِثْمٍ، وَيُطَهِّرَ لِنَفْسِهِ شَعْباً خَاصّاً غَيُوراً فِي أَعْمَالٍ حَسَنَةٍ**».

هذا هو الكنز: شعبٌ خاص، شعبٌ مفدي من العالم ومن الإثم، شعبٌ يطهره يسوع ويجعله غيوراً لعمل كل ما هو صالح. والثمن هو «نَفْسُهُ» كل ما كان لديه بل كل ما كلفه! لقد بذل يسوع حياته مقدماً نفسه لشراء ذلك الحقل من أجل الكنز الذي هو شعبه المفدي.

وإليك فكرة أخرى حول هذا الكنز المخفي في حقل. لقد اشترى يسوع الحقل، لكنه يتركه لخدامه... خدام الإنجيل، لكي يُخرجوا ذلك الكنز. وهذه مهمة تتطلب الكثير من العمل، عليك أن تعرف موقع الكنز وان تحفر وأن تنتشله من تحت التراب. لقد مكث الكنز طويلاً هناك، ولابد أنه نال نصيبه من الصدأ والقذارة والتعفن والتآكل، ويحتاج إلى تنظيف كثير. لا يقوم يسوع بهذا العمل بنفسه، فله خدام في العالم يجدون الكنز ويحفرون الأرض ويخرجونه بجهد كبير. صدقني إن إرجاع الناس إلى الرب والكرازة بالإنجيل هو عمل شاق لا يقل صعوبة عن حفر

الأرض وإخراج كنز منها. لكن هذا العمل متروك لخدام الإنجيل، وأنا واحدٌ من أولئك الذين وضعهم اللَّه في هذا العالم. إن هدف برنامجي الإذاعي هو استخراج الكنز من الحقل وتنظيفه ليليق بالرب إذ يقدم إليه.

وهذا ما يقوله بولس عن خدمته في (كولوسي ١: ٢٨-٢٩):

«الَّذِي نُنَادِي بِهِ. أي بيسوع ... إن الهدف من خدمتي الإذاعية كلها هو أن أنادي بشخص واحد هو يسوع المسيح ... مُنْذِرِينَ كُلَّ إِنْسَانٍ، وَمُعَلِّمِينَ كُلَّ إِنْسَانٍ، بِكُلِّ حِكْمَةٍ، لِكَيْ نُحْضِرَ كُلَّ إِنْسَانٍ كَامِلاً فِي الْمَسِيحِ يَسُوعَ».

لم يكن بولس قانعاً بترك أي فرد من شعب اللَّه تحت مستوى كفاءته الحقيقية. لقد عمل جاهداً من أجل ذلك ... فيتابع قائلاً:

«الأَمْرُ الَّذِي لأَجْلِهِ أَتْعَبُ أَيْضاً مُجَاهِداً، بِحَسَبِ

عَمَلِهِ الَّذِي يَعْمَلُ فِيَّ بِقُوَّةٍ».

انظـر إلى تلـك الكلمـات المشـحونة بـالنشـاط: «.. **أتعـب مجاهداً ... بحسب عمله ... الذي يعمل فيَّ بقوة**». ما هو الهدف والاتجاه المشترك لكل هذا الجهـد؟ إنه إخـراج الكنز من الحقـل وتنظيفه ليكون لائقـاً إذ يُقـدم إلى الرب يسـوع الذي مات واشـترى الحقـل مقابل حياته. كيـف نحقق ذلك؟ يقول بولس إن ذلك يكـون بـالإنذار والتعليم والسـعي لإحضـار كل إنسـان في أفضل حالة يمكن أن يكون عليها في المسـيح، وأذكركـم ثانيـةً بـالثمن الـذي دُفع مقابل الحقل والكنـز المخفي فيه، الثمن هو كل ما كان له. لم يعـد عنده شـيءٌ أبداً، فمحبته مُسرفـة!، وقد عمل ذلك بفرح إذ أن حُبَّه للكنز كان عظيماً جداً.

لؤلؤة كثيرة الثمن

كل أمور اللَّـه أعظم وأجلُّ من أن نسـتوعبها، وهذا صـحيح بشـكل خاص فيما يتعلق بمحبته، فجوهر طبيعـة اللَّـه هـو المحبة. أمَّـا الكلمة التـي اخترتها لوصـف محبـة اللَّــه فهـي «مُسرفـة». وقـد تعمدت اختيار كلمة غير معتادة في السياق، بل وغير دينية أيضـاً، لأننـي أردت أن ابتعد عن الأقـوال التقليدية المكررة. نعم، محبة اللَّـه مسرفة.

وكنا قد ذكرنا أنه بينما المحبة البشرية ضـئيلةٌ وشحيحةٌ وأنانيةٌ على الأغلب، فإن محبة اللَّـه ليست كذلك، بل هي واسعةٌ بلا حدود ومسرفة.

وأشرنا إلى صلاة بولس التي رفعها من أجلنا في (أفسس ٣: ١٤-١٩):

«بِسَبَـبِ هَذَا أَحْنِـي رُكْبَتَيَّ لَـدَى أَبِي رَبِّنَـا يَسُوعَ الْمَسِيـحِ، الَّذِي مِنْـهُ تُسَمَّى كُلُّ عَشِـيرَةٍ فِي السَّمَاوَاتِ

وَعَلَى الأَرْضِ، لِكَيْ يُعْطِيَكُمْ بِحَسَبِ غِنَى مَجْدِهِ أَنْ تَتَأَيَّدُوا بِالْقُوَّةِ بِرُوحِهِ فِي الإِنْسَانِ الْبَاطِنِ، لِيَحِلَّ الْمَسِيحُ بِالإِيمَانِ فِي قُلُوبِكُمْ، وَأَنْتُمْ مُتَأَصِّلُونَ وَمُتَأَسِّسُونَ فِي الْمَحَبَّةِ، حَتَّى تَسْتَطِيعُوا أَنْ تُدْرِكُوا مَعَ جَمِيعِ الْقِدِّيسِينَ مَا هُوَ الْعَرْضُ وَالطُّولُ وَالْعُمْقُ وَالْعُلْوُ، وَتَعْرِفُوا مَحَبَّةَ الْمَسِيحِ الْفَائِقَةَ الْمَعْرِفَةِ، لِكَيْ تَمْتَلِئُوا إِلَى كُلِّ مِلْءِ اللَّهِ».

يريد اللّه أن يضع ملء محبته في تلك الأواني التي خلقها روح اللّه. يريد لنا أن ندرك أبعاد محبته عرضاً وطولاً وعمقاً وعلواً. يريد لنا أن نعرف المحبة التي تفوق المعرفة! لأنها ـ كما ذكرنا ـ لا تُعرف بالقدرات العقلية، بل تُستوعب بإعلان كلمة اللّه بالروح القدس. ثم استخدمنا مثل الكنز المخفي في حقل كأحد المعايير التي بها نقيس محبة اللّه.

«**... أَيْضاً يُشْبِهُ مَلَكُوتُ السَّمَاوَاتِ كَنْزاً مُخْفىً فِي حَقْلٍ وَجَدَهُ إِنْسَانٌ فَأَخْفَاهُ. وَمِنْ فَرَحِهِ مَضَى وَبَاعَ**

كُلَّ مَا كَانَ لَهُ وَاشْتَرَى ذَلِكَ الْحَقْلَ».

وقد فسرتُ المثلَ على أنَّ الإنسان هو يسوع، والحقل هو العالم، والكنز هو شعب اللَّه في العالم.

لم يكن يسوع يريد الحقل، لكنه اضطر أن يشتريه لكي يحصل على الكنز. وقد كلفه ذلك كل ما كان له، لكنه صنع ذلك بفرح بسبب حبه للكنز الذي سيحصل عليه. وعبر هذه الرسالة كلها، أريد أن أُركز على هذه الحقيقة: كلفه ذلك كل ما كان له.

نريد الآن أن ندرس مثل اللؤلؤة الثمينة الذي يأتي بعد المثل السابق مباشرة. فبينما يعلن المثل الأول (مثل الكنز) مقياس محبة المسيح لشعبه على وجه العموم، يعلن مثل اللؤلؤة كثيرة الثمن مقياس محبة المسيح لكل نفس بشرية بشكلٍ منفرد. ومن المهم جداً أن نقدر كيف أحب اللَّه كل واحدٍ منا أفراداً، وليس فقط كأعضاء في مجموعة.

«أَيْضاً يُشْبِهُ مَلَكُوتُ السَّمَاوَاتِ إِنْسَاناً تَاجِراً

يَطْلُبُ لآلِئَ حَسَنَةً. فَلَمَّا وَجَدَ لُؤْلُؤَةً وَاحِدَةً كَثِيرَةَ الثَّمَنِ مَضَى وَبَاعَ كُلَّ مَا كَانَ لَهُ وَاشْتَرَاهَا» (متى ١٣: ٤٥-٤٦).

وفي ضوء مثل الكنز، اعتقد أن التاجر هو يسوع. لم يكن مجرد سائح عابر، لم يكن مجرد مستعرض لواجهات المتاجر، بل كان شخصاً يدرك تماماً قيمة ما كان ينظر إليه، فلما وجد تلك اللؤلؤة الفريدة، أدرك أنها ستكون صفقة جديدة، إذ باع كل ما يملك لكي يشتري تلك اللؤلؤة الواحدة. كم واحد منا يفعل ذلك؟ من منا إذا رأى جوهرةً ثمينةً يكون مستعداً لدفع كل ما يملكه. فقط لكي يمتلك تلك الجوهرة؟ هذه هي محبة يسوع، إنها مسرفة!.

لاحظ أن تكلفة الحقل هي نفسها تكلفة اللؤلؤة: كل ما كان له. في القسم التالي سنحلل ما عنته هذه الكلمات (كل ما كان له) بالنسبة ليسوع.

ما الذي تشير إليه اللؤلؤة؟ المعاناة والألم هي من

الأشياء التي تشير إليها اللؤلؤة في الكتاب المقدس. مـن اللافت للنظر أن جميع أبواب أورشليم الجديدة هـي من اللؤلـؤ. وهذا يشـير إلى أن دخول أورشليم الجديدة لا يكـون إلا مـن بوابـات المعانـاة! وكمـا فهمت، فإن اللؤلؤة تنتج عن شيء خاطئ يحدث في المحارة.

وهناك أشياء كثيرة ينبغي عملها قبل أن تُصبح اللؤلؤة قابلة للتسـويق. فيجب أولاً انتشال المحارة من البحر، ثم إخراج اللؤلؤة منها، لتخضـع بعد ذلك إلى عدة خطوات لتجهيزها، وهنا وجه شبه آخر بين الكنـز واللؤلؤة، فكلاهمـا يحتـاج إلى جهد كبير قبل أن يصبح جاهزاً، لقد اشترى يسوع الحقل، لكنه تركه لخدامه لكي يجهزوا له الكنز، وكذلك الأمر بالنسـبة للـؤلـؤة، ولكن ـ في النهاية ـ تظهـر اللؤلؤة الناعمة اللامعة الرائعة.

تخيلْ يسـوع وهو يحمل تلك اللؤلـؤة الفريدة في يده، وينظر إليها بحب لا يوصـف ويقول: «من أجلك

دفعت هذا الثمـن، تخليت عن كل مـا كـان لي.» هذا مشـهد شخصـي جداً وفردي للغاية، فليس في الأمر جماعـة أو شعـب، إنما يسـوع وحـده وفي راحة يده لؤلؤة واحدة يقول لـها: «**من أجلك دفعت ذلك الثمن؛ تخليـت عن كل مـا كان لي.**»، فلنتقدم خطوة ثانيةً، وهذا مهم جداً. قُل لنفسك: «**أنا كنت تلك اللؤلؤة؛ أنا تلك اللؤلـؤة. ولم يكن أحد غيري محتاجاً للفداء، مـات يسوع من أجلي فقط.**» انتبـه إلى هذه الحقيقة جيـداً. كثيرون منَّا يعانون من مشـاعر عدم تقدير الـذات والرفـض والنقص. نتسـاءل إن كان مرغوباً بنـا أم لا؟ لكـن من المهم جداً أنت نـرى أنَّ كل واحد منـا هو لؤلؤة كثيرة الثمن، تخلى يسـوع عن كل ما كان له ليحصل عليها.

وأقـدم لكم أربـع حقائق بسـيطة لكنها مهمة عن محبة الآب:

أولاً: محبة اللَّـه فردية.

ثانياً: محبته أبدية.

ثالثاً: تتقدم على الزمن.

رابعاً: لاتُقاوم.

محبة اللّه إذاً فردية، أبدية، تتقدم على الزمن ولا تُقاوم، فلنتابع بعض الأعداد الكتابية التي توضح هذه النقاط الأربعة.

أولاً: محبة اللّه فردية وأبدية. هذا نجده في (إرميا ٣١: ٣):

«تَرَاءى لي الرَّبُّ مِنْ بَعِيدٍ (أي منذ زمن بعيد. فمحبة اللّه ليست أمراً طارئاً: «وَمَحَبَّةً أَبَدِيَّةً أَحْبَبْتُكِ) أنت فردياً وشخصياً مِنْ أَجْلِ ذَلِكَ أَدَمْتُ لكِ الرَّحْمَةَ.»

فمحبة اللّه فردية وأبدية، وبسبب محبته يديم لنا الرحمة.

ثم إن محبة اللّه تتقدم على الزمن، إذ نقرأ في (أفسس ١: ٤-٥):

«**كَمَا اخْتَارَنَا فِيهِ قَبْلَ تَأْسِيسِ الْعَالَمِ، لِنَكُونَ قِدِّيسِينَ وَبِلاَ لَوْمٍ قُدَّامَهُ فِي الْمَحَبَّةِ، إِذْ سَبَقَ فَعَيَّنَنَا لِلتَّبَنِّي بِيَسُوعَ الْمَسِيحِ لِنَفْسِهِ، حَسَبَ مَسَرَّةِ مَشِيئَتِهِ**».

فمحبة اللّه تقدمت على الزمن. ففي المحبة اختارنا اللّه قبل تأسيس العالم، وأراد لنا مسبقاً أن نكون قديسين وبلا لوم. لقد رتب مسار حياتنا بحيث نتقابل معه ومع محبته.

وأخيراً، محبة اللّه لا تُقاوم. هناك عبارة بسيطة في (نشيد الأنشاد ٨: ٦) تقول:

«**لأَنَّ الْمَحَبَّةَ قَوِيَّةٌ كَالْمَوْتِ...**» والموت لا يُقاوم؛ لا أحد يستطيع أن يقول «لست مستعداً بعد للموت ولن أقبل به، فلا طاقة لإنسان على مقاومة الموت. إذ يقول سليمان: «**الْمَحَبَّةَ قَوِيَّةٌ كَالْمَوْتِ...**». أما العهد الجديد فيقودنا خطوة الأمام، فعندما مات يسوع وقام من الأموات، برهن على أن المحبة أقوى من الموت، أعظم قوة إيجابية لا تُقاوم في الكون، غلبت

أعظم قوة سلبية لا تُقاوم؛ الحب غلب الموت. ومازلت أذكر كلمات أغنية إنجليزية قديمة أسمها: «الحب سيجد طريقاً» ومن كلماتها:

فوق الجبال over the mountains

أو تحت الينابيع under the fountains

الحب سيجد طريقاً love will find a way

تصل المحبة إلى أهدافها دائماً... إنها لا تُقاوم. لا تستسلم أمام الحواجز، بل تخترق كل شيء، تتخطاه من فوق أو تنسل من أسفل، لكنها في النهاية تصل إلى مبتغاها. هكذا هي محبة اللّه.

تأمل الآن: محبة اللّه فردية، أبدية، تتقدم على الزمن ولا تُقاوم. ثم تخيل نفسك ثانيةً لؤلؤة في يد يسوع وقل لنفسك: «**إن محبة اللّه لي شخصية أبدية تقدمت على الزمن وهي لا تُقاوم.**» والآن تذكر كم كلفه ذلك... لقد كلفه كل ما كان له. ألا تتمهل قليلاً لتقول شكراً؟.

دفع يسوع الثمن كاملاً

لقد تعمدت اختيار الكلمة «مسرفة» لوصف محبة اللّٰه التي عبر عنها في المسيح. وأردت بذلك الابتعاد عن المصطلحات والأكليشيهات الدينية الجاهزة، وأن أوقظك بطريقة ما لتدرك المدى الحقيقي لمحبة اللّٰه.

كنا قد حللنا مثلين من أمثال يسوع، ورأينا فيهما معياراً لقياس ما تكلفه يسوع لكي يفدينا. وفي المثلين، مثل الكنز المخفي في حقل ومثل اللؤلؤة كثيرة الثمن، اضطر المشتري إلى بيع كل ما كان له ليتمكن من الشراء. لقد كلفه ذلك كل شيء. وهذا صحيح بالنسبة إلى يسوع، حيث أن فداءنا قد كلفه كل شيء.

ما هو المعنى الدقيق لأن يبذل يسوع حياته لأجلنا؟ أولاً: علينا أن نعرف أن ثمن الفداء كان دم

يسوع. نقرأ في (١ بطرس ١: ١٨ ـ ١٩):

«عَالِمِينَ أَنَّكُمُ افْتُدِيتُمْ لاَ بِأَشْيَاءَ تَفْنَى، بِفِضَّةٍ أَوْ ذَهَبٍ، مِنْ سِيرَتِكُمُ الْبَاطِلَةِ الَّتِي تَقَلَّدْتُمُوهَا مِنَ الآبَاءِ، بَلْ بِدَمٍ كَرِيمٍ، كَمَا مِنْ حَمَلٍ بِلاَ عَيْبٍ وَلاَ دَنَسٍ، دَمِ الْمَسِيحِ».

بدم المسيح وحده صار فداؤنا من خطايانا ومن جهلنا وظلمتنا ممكناً. لماذا الدم؟ يقدم العهد القديم جواباً واضحاً: «لأن نفس الجسد هي في الدم» أو حياة الجسد هي في الدم. فإن كان لمخلوق حي نفسٌ ودمٌ، فإن نفس ذلك المخلوق، أي حياته، هي في دمه. هذا ما نجده في (لاويين ١٧: ١١)، حيث يقدم موسى شرائع حول كيفية الحياة وفق المبادئ الإلهية. ويأتي الكلام على لسان اللّه نفسه وبلغة نبوية واضحة:

«لأَنَّ نَفْسَ الْجَسَدِ هِيَ فِي الدَّمِ، فَأَنَا أَعْطَيْتُكُمْ إِيَّاهُ عَلَى الْمَذْبَحِ لِلتَّكْفِيرِ عَنْ نُفُوسِكُمْ، [كان هذا صحيحاً

في العهـد القـديم الذي هو ظل لما سـيكون، فالنص في الواقـع كلمـات نبوية عن دم يسـوع المقدم على مذبح الصليب للتكفير النهائي التام عن نفوسنا.] **لأَنَّ الدَّمَ يُكَفِّرُ عَنِ النَّفْسِ».**

وإشـعياء النبـي يتنبـأ بأن يسوع الذي سـيقدم دمه، إنما سـيقدم نفسـه كفارة لخطايانا على مذبح الصـليب. فيقول إشـيعاء في لوحتـه النبوية الرائعة التي صور فيها كفارة المسيح:

«... سَكَبَ لِلْمَوْتِ نَفْسَهُ، وَأُحْصِيَ مَعَ أَثَمَةٍ، وَهُـوَ حَمَـلَ خَطِيَّـةَ كَثِيرِيـنَ وَشَفَـعَ فِي الْمُذْنِبِيـنَ» (إشعياء ٥٣: ١٢).

لاحظ العبـارات الأربع التي تصف مـا عمله يسوع: سـكب للموت نفسـه، أُحصـيَ مـع آثمة (إذ صلب بين لصـين)، حمل خطية كثيرين (خطيـة العالم أجمع)، وشـفع في المذنبين. فقبل الموت على الصليب صلى قائـلاً: **«يَـا أَبَتَاهُ، اغْفِـرْ لَهُمْ لأَنَّهُمْ لاَ يَعْلَمُـونَ مَاذَا**

يَفْعَلُونَ.» جميع هذه العبارات النبوية تمت حرفياً في يسوع، لكننا سنركز على العبارة الأولى في العدد ١٢، «**... سَكَبَ لِلْمَوْتِ نَفْسَهُ**» سكب حياته.

ونحتاج إلى مقارنة بمقطع من سفر اللاويين لكي نحصل على فهم واضح دقيق للتصور النبوي لما كان عتيداً أن يتم. من أهم المحافل الدينية عند اليهود يوم الكفارة. في ذلك اليوم وحده كان رئيس الكهنة يدخل قدس الأقداس مع دم الذبائح التي كفّرت (غطت) خطايا إسرائيل لسنة كاملة. ويصف موسى ذلك في (لاويين ١٦: ١٤) قائلاً:

«**ثُمَّ يَأْخُذُ (أي رئيس الكهنة) مِنْ دَمِ الثَّوْرِ وَيَنْضِحُ بِأَصْبِعِهِ عَلَى وَجْهِ الْغِطَاءِ إِلَى الشَّرْقِ. وَقُدَّامَ الْغِطَاءِ يَنْضِحُ سَبْعَ مَرَّاتٍ مِنَ الدَّمِ بِأَصْبِعِهِ**».

الدم وحده يستطيع تكفير خطايا شعب اللّه. وكان ينبغي إحضار الدم إلى محضر اللّه القدير في قدس الأقداس. لاحظ بشكل خاص أن الدم كان يُنضح

(يُرش) سبع مرات، وليس ذلك من باب المصادفة، حيث أن الرقم (سبعة) هو الرقم الذي يشير إلى عمل الروح القدس؛ إنه رقم الكمال الذي يشير إلى عمل كامل قد تم. وهذا يتطابق تماماً مع الطريقة التي سُفك فيها دم يسوع؛ فقد نُضح دمه سبع مرات فعلاً قبل أن تُكمل ذبيحته.

ونجد التتميم الكامل لنبوات العهد القديم وطقوسه إذا بحثنا في السجل التاريخي للأناجيل، حيث نجد أن دم يسوع قد انسفك سبع مرات بسبعة أساليب مختلفة.

(١) المرة الأولى كانت في بستان جثيماني إذا كان يصارع في كرب شديدٍ من أجل تسليم نفسه لمشيئة الآب، جاعلاً من نفسه هذه الذبيحة العظيمة النهائية. نقرأ في (لوقا ٢٢: ٤٤):

«وَإِذْ كَانَ فِي جِهَادٍ كَانَ يُصَلِّي بِأَشَدِّ لَجَاجَةٍ، وَصَارَ عَرَقُهُ كَقَطَرَاتِ دَمٍ نَازِلَةٍ عَلَى الأَرْضِ».

بدأ دمه يخرج من مسام جسده مع العرق، وفي ذلك تعبير بليغ عن شدة كربه وحزنه وجهاده، هذا هو أول سفك لدمه.

(٢) أما المرة الثانية فكانت في بيت رئيس الكهنة، حيث عومل أثناء استجوابه معاملة سيئة نرى شيئاً من ملامحها في (متى ٢٦: ٦٧):

«حِينَئِذٍ بَصَقُوا فِي وَجْهِهِ وَلَكَمُوهُ، وَآخَرُونَ لَطَمُوهُ».

الكلمة المترجمة «لكموه» يمكن أن تعني أيضاً «ضربوه بعصا.» بل ربما تكون الترجمة الأخيرة أدق لأن ذلك ما قيل بالنبي ميخا حيث نقرأ:

«... يَضْرِبُونَ قَاضِيَ إِسْرَائِيلَ بِقَضِيبٍ عَلَى خَدِّهِ». (ميخا ٥: ١).

لكن سواء ضُربَ بالعصى أو لُكِمَ بقبضات الأيدي فلابد أن الدم نزف من خده أو أنفه أو أي مواضع أخرى في الوجه.

(٣) المـرة الثالثـة التـي نـزف فيها يسـوع دمه مسجلة فـي (متى ٢٧: ٢٦):

«**حِينَئِـذٍ أَطْلَقَ لَهُمْ بَارَابَاسَ وَأَمَّـا يَسُوعُ فَجَلَدَهُ وَأَسْلَمَهُ لِيُصْلَبَ.**»

هذا أيضاً تنبأ به العهد القديم في (إشعياء ٥٠: ٦)، حيث يتكلم الرب نفسه فيقول:

«**بَذَلْتُ ظَهْرِي لِلضَّارِبِينَ وَخَدَّيَّ لِلنَّاتِفِينَ. وَجْهِي لَمْ أَسْتُرْ عَنِ الْعَارِ وَالْبَصْقِ**».

من الجديـر بالملاحظة هنا أن الـرب بذل ظهره طواعيةً لا إجباراً؛ لقد قدم نفسه ذبيحةً. وها هو يُجلد بسوط روماني مصنوع من عدة سيور على طـرف كلٍ منها قطعـةٌ من معـدن أو عظم قاس. فإذا انهالت على ظهـر رجل، حرثت ظهره حرثاً ومزقت جسده كاشـفةً ما تحت جلده من أنسجة وأعصـاب، بل وربمـا عظامه أيضـاً. هذا هو دم يسوع يسفك للمرة الثالثة.

(٤) المـرة الرابعـة لا يصـفها العهد الجديـد بكلمات كثـيرة، لكـن إن عدنـا إلى النصـ السـابق في (إشعياء ٥٠:٦) نجد أن الرب يقول:

« بَذَلْتُ ظَهْـرِي لِلضَّارِبِينَ وَخَـدَّيَّ لِلنَّاتِفِينَ ...»

فقد صـاروا أيضـاً إلى خد يسـوع نـاتفين شـعر ذقنه ليكون خُصـلاً بين أصـابعهم، وهكذا نزف الدم من خديه فكان السفك الرابع.

(٥) أما الخامس فبسـبب إكليل الشـوك كما نرى في (متى ٢٧: ٢٨ ـ ٢٩):

«فَعَـرَّوْهُ (أي الجنـود الرومـان) وَأَلْبَسُـوهُ رِدَاءً قِرْمِزِيّـاً، وَضَفَـرُوا (نسجـوا) إِكْلِيلاً مِـنْ شَوْكٍ وَوَضَعُوهُ عَلَى رَأْسِهِ، وَقَصَبَةً فِي يَمِينِهِ».

ولم يكتفوا بـالإكليل على رأسـه، إذ نسج الجنود القساة تلك الأشواك الحادة (والتي ما تزال تنبت حتـى اليـوم في تلك المنطقـة) على شـكل إكليل وغرسوهـا في رأسه ثم ضربوه بعصا على رأسه

مما جعل الأشواك تخترق فروه رأس يسوع، وهكذا كان سفك دمه للمرة الخامسة.

(٦) المرة السادسة كانت حادثة الصلب نفسها. ففي (متى ٢٧: ٣٥):

«**وَلَمَّا صَلَبُوهُ اقْتَسَمُوا ثِيَابَهُ مُقْتَرِعِينَ عَلَيْهَا...**»

بعد ذلك اخترقت المسامير يديه وقدميه. هذا أيضاً مكتوب بروح النبوة في (مزمور٢٢: ١٥) حيث نقرأ: «**ثَقَبُوا يَدَيَّ وَرِجْلَيَّ**»، وفي العدد ١٨: «**يَقْسِمُونَ ثِيَابِي بَيْنَهُمْ، وَعَلَى لِبَاسِي يَقْتَرِعُونَ**».

(٧) وتبقى المرة السابعة والأخيرة التي سُفك فيها دم يسوع، والتي كانت بعد موته. فقد أُرسل جندي روماني لكي يتيقن من موت المصلوبين الثلاثة، فقتل اثنين منهم لكن حين جاء إلى يسوع وجد أنه مات. ونقرأ في (يوحنا ١٩: ٣٤):

«**لَكِنَّ وَاحِداً مِنَ الْعَسْكَرِ طَعَنَ جَنْبَهُ بِحَرْبَةٍ،**

وَلِلْوَقْتِ خَرَجَ دَمٌ وَمَاءٌ.» وبسبب هذا السفك السابع، فَرَغ جسد يسوع من الدم، فهو ـ حرفياً ـ قد سكب للموت نفسه، ناضحاً دمه سبع مرات.

أولاً: أصبح عرقه كقطرات دماء.

ثانياً: لكموه على وجهه بالعصي وقبضات الأيدي.

ثالثاً: جلدوه بسوط روماني.

رابعاً: نتفوا شعر وجهه.

خامساً: غرسوا الأشواك الحادة في جلد رأسه.

سادساً: ثقبوا يديه ورجليه بالمسامير.

سابعاً: طعنوا جنبه بحربة.

بينما تقرأ هذه القائمة، تذكر أنها تشير إلى قياس محبة يسوع. هذا هو الثمن الذي دفعه، فقد كلفه ذلك كل ما كان له بلا استثناء. لم يتخل فقط عن مجده وجلاله باعتباره اللَّه؛ لم يتخل فقط عن ممتلكاته

الأرضية البسيطة باعتباره إنساناً، بل بذل نفسه، وقدم حياته، سكبها مع دمه دافعاً ثمن الفداء. تأمل في ذلك مدركاً مقياس محبة اللّه، فأقل ما يقال فيها إنها مسرفة.

الميراث الكامل

تقاس محبة اللَّـه للبشر بمقدار الثمن الذي دفعه
مقابل فدائنا، ولتوضيح ذلك، نظرنا إلى مثلين من
أمثال يسوع في (متى ١٣) مَثَل الكنز المخفي في
حقل ومثل اللؤلؤة الكثيرة الثمـن، وفي الحالتين،
تخلى المشتري عـن كل ما كان له، فالمشتري هو
يسوع، أما الكنز فهو شـعب اللَّـه، وأما اللؤلؤة فهي
كل شخصٍ على حدة.

وقد تحققت الصورة المرسومة في هذين المثلين
في شخص الـرب يسوع الـذي لم يتخل عن عرشـه
السماوي ومجده وامتيازاته وعن كل ما امتلكه على
الأرض فحسب، بل فوق ذلك كله ـ سكب للموت نفسه
من أجل أن يفدينا. بذل حياته من اجل حياتنا، وقد
تمـم ذلـك كما هو مكتـوب مسبقاً في أسـفار العهد
القديم سافكاً دمه كله.

فلتتميم طقوس العهد القديم، سُفك دم يسوع على سبع مراحل متتابعة، تماماً كما كان رئيس الكهنة ينضح دم الذبيحة يوم الكفارة سبع مرات في قدس الأقداس أمام تابوت العهد. وهذا السفك السباعي لدم يسوع مسجل في الكلمة المكتوبة كما يلي:

أولاً: صار عرق يسوع كقطرات دم في بستان جثيماني.

ثانياً: بعد وقوفه أمام «بيلاطس البنطي»،

ثالثاً: جُلد بسوط روماني.

رابعاً: تم نتف الشعر من لحيته.

خامساً: غرس الجنود شوكاً في جلد رأسه.

سادساً: ثُقبت يداه وقدماه بالمسامير.

سابعاً: طُعن بحربة في جنبه فخرج دم وماء. نعم، بذل يسوع نفسه؛ سكب حياته؛ تخلى عن كل ما كان له من أجل فدائنا.

ما الذي ننالـه في المسيح بعد أن فدانا؟ ننال ميراثاً لا يفنى، لم يكن اللَّه مسرفاً في الثمن الذي دفعه لكي يفدينا فقط، بل كان مسرفاً ـ بنفس القدر ـ في كل ما يقدمه لنا في المسيح.

يكتب بولس في (رومية ٨: ١٥-١٧) إلى المؤمنين مشيراً إلى ما نلناه في المسيح بسبب إيماننا به فيقول:

«**إِذْ لَمْ تَأْخُذُوا رُوحَ الْعُبُودِيَّةِ أَيْضاً لِلْخَوْفِ، بَلْ أَخَذْتُمْ رُوحَ التَّبَنِّي الَّذِي بِهِ نَصْرُخُ: «يَا أَبَا الآبُ!»**» [العبارة «يا آبا الآب» من أصل آرامي أو عبري تقابل الكلمة «بابا» في العربية العامية وDaddy في الإنجليزية أي أننا دخلنا في علاقة حميمة باللَّه الآب تؤهلنا لمخاطبته بالكلمة «آبا» أو «بابا». والروح القدس نفسه يعطينا هذا اليقين وهذه الثقة. يتابع بولس حديثه مبيناً ما يعلنه الروح حول مركزنا في المسيح فيقول: «**اَلرُّوحُ نَفْسُهُ أَيْضاً يَشْهَدُ لأَرْوَاحِنَا**

أَنَّنَـا أَوْلاَدُ اللَّـهِ.» هـذا ما تعلنه كلمة اللّـه المكتوبة، لكن الروح القدس يؤيد ذلك ويعلنه في قلب كل واحد منا بطريقة شخصـية. وفي العدد التالي يذكر بولس ما تتضمنه حقيقة كوننا أولاد اللّـه فيقول:

«فَـإِنْ كُنَّـا أَوْلاَداً فَإِنَّنَـا وَرَثَـةٌ أَيْضاً، وَرَثَـةُ اللَّـهِ، وَوَارِثُـونَ مَعَ الْمَسِيـحِ. إِنْ كُنَّا نَتَأَلَّمُ مَعَـهُ لِكَيْ نَتَمَجَّدَ أَيْضاً مَعَهُ».

كما هـو الحال في حياة البشـر الطبيعية، **عندما نصبح أولاد اللّـه، نصبح ورثة أيضاً. نحن ورثة اللّـه ووارثـون مع المسيح.** لكن هناك شرطـاً مذكوراً: **«إِنْ كُنَّا نتأَلَّمُ مَعَهُ...»** هذا شرط من الشروط التي تجعلنا وارثين مع المسيح؛ أن نتشارك في الميراث، يستدعى أن نتشارك في الآلام! تذكر أن اللؤلؤة هي نتاج نوع مـن المعانـاة. **ومن المهـم أن نفهم معنـى وراثتنا مع المسيـح. إنها لا تعني أن كل واحد سيأخذ جزءاً من الميراث الكامل، بل تعني بأن المسيح، باعتباره باكورة**

الأبناء، له الميراث كله، ونحن نتشارك في الميراث مع يسوع. إن المشاركة هي شريعة ملكوت اللّه. فنحن لا نأخذ حصصاً مجزأة، بل نتشارك معه في كل ما يملكه الآب وكل ما يملكه المسيح الابن.

هذا ما يقوله يسوع عن الميراث وعن الكيفية التي نعرف فيها ذلك الميراث. ففي حديثه عن مجيء الروح القدس في (يوحنا ١٦: ١٣-١٥) يقول يسوع:

«وَأَمَّا مَتَى جَاءَ ذَاكَ رُوحُ الْحَقِّ فَهُوَ يُرْشِدُكُمْ إِلَى جَمِيعِ الْحَقِّ، لأَنَّهُ لاَ يَتَكَلَّمُ مِنْ نَفْسِهِ، بَلْ كُلُّ مَا يَسْمَعُ يَتَكَلَّمُ بِهِ، وَيُخْبِرُكُمْ بِأُمُورٍ آتِيَةٍ. ذَاكَ يُمَجِّدُنِي لأَنَّهُ يَأْخُذُ مِمَّا لِي وَيُخْبِرُكُمْ. كُلُّ مَا لِلآبِ هُوَ لِي. لِهَذَا قُلْتُ إِنَّهُ يَأْخُذُ مِمَّا لِي وَيُخْبِرُكُمْ.»

كل ما للآب هو للابن، والروح القدس سيرشدنا إلى ذلك كله. تذكر أن الروح القدس هو المكلف بنقل الميراث، فإن لم تكن علاقتنا جيدة بالروح القدس،

ولم نكن في شركة مع الروح، فسنكون نظرياً- أولاد ملك، لكننا سنعيش حياة الفقراء والمتسولين لأننا لا نتمتع بالميراث الذي لنا.والميراث يشمل كل ما للآب وكل ما للابن . هما يتشاركان ونحن نتشارك معهما. هذا هو ملء ما منحه اللَّه لنا في المسيح، فليس اللَّه بخيلاً شحيح العطاء ولا محدوداً؛ إنه مُسرف!!

فلننظر في نص آخر يتحدث عن سعة ميراثنا:

«اَلَّذِي لَمْ يُشْفِقْ عَلَى ابْنِهِ بَلْ بَذَلَهُ لأَجْلِنَا أَجْمَعِينَ، كَيْفَ لاَ يَهَبُنَا أَيْضاً مَعَهُ كُلَّ شَيْءٍ؟» (رومية ٨: ٣٢).

تأمل مضمون هذه الكلمات. عندما نقبل المسيح، فإن اللَّه يهبنا كل شيء مجاناً. وبعيداً عن المسيح، ليس لنا شيء. لاحظ التأكيد الواضح فيما يتعلق بحجم الميراث ومجانيته. نحن لا نستطيع أن نكتسب ذلك الميراث مقابل أي شيء نعمله، لكننا نقبله عطية

مجانية وهو يشمل كل شيء. نحن وارثون للميراث كله؛ كل ما لله الآب وما لله الابن يصير لنا إذ نقبل المسيح المُخلص.

في رسالته الأولى إلى مؤمني كورنثوس، يحاول بولس أن يُطلع المؤمنين على مدى غناهم. وهو - بشكل ما - يوبخهم لأنهم يسلكون كفقراء. فهم بخلاء قليلو العطاء ويغارون بعضهم من بعض. فكأنه يقول لهم: «أنتم لا تدركون ما تملكون»!

«إذاً لاَ يَفْتَخِرَنَّ أَحَدٌ بِالنَّاسِ، فَإِنَّ كُلَّ شَيْءٍ لَكُمْ: («كل شيء لكم» إنها عبارة تحبس الأنفاس، أليس كذلك) أَبُولُسُ أَمْ أَبُلُّوسُ أَمْ صَفَا، (يقول لهم ألا يتعلقوا بالوعاظ) أَم الْعَالَمُ أَم الْحَيَاةُ أَم الْمَوْتُ، أَم الأَشْيَاءُ الْحَاضِرَةُ أَم الْمُسْتَقْبَلَةُ. كُلُّ شَيْءٍ لَكُمْ. وَأَمَّا أَنْتُمْ فَلِلْمَسِيحِ، وَالْمَسِيحُ لِلَّهِ». (١كورنثوس ٣: ٢١ـ ٢٣).

يا لها من حقيقة مذهلة! بولس يقول: «كل شيء لكم، فلا تسلكوا كأنكم فقراء، ولا تكونوا فيما بعد ضيقي الأذهان، بل تذكروا أن كل شيء لكم».

ينبغي أن لا ننسى أنها عطية مجانية لا نستطيع كسبها مقابل أي شيء. لكن من الضروري أن نطلب من الروح القدس أن يوسع تخوم إيماننا وفهمنا، فالروح هو وكيل الميراث. فإن لم يتكلم الروح معنا ولم يرشدنا إلى الحق، تكن هذه كلمات جوفاء بعيدة عن الحقيقة. الروح القدس هو الذي يحول الوعود إلى حقائق واقعة. وأخيراً أحب أن نلقي نظرة على (١ يوحنا ٤: ١٦):

«وَنَحْنُ قَدْ عَرَفْنَا وَصَدَّقْنَا الْمَحَبَّةَ الَّتِي لِلَّهِ فِينَا. اللَّهُ مَحَبَّةٌ، وَمَنْ يَثْبُتْ فِي الْمَحَبَّةِ يَثْبُتْ فِي اللَّهِ، وَاللَّهُ فِيهِ.»

« عَرَفْنَا وَصَدَّقْنَا الْمَحَبَّةَ» أي عرفنا وآمنّا بالمحبة» وفي بعض الترجمات الأخرى تأتي

هكذا «عرفنا واعتمدنا على المحبة» كما في New International version حيث نقرأ:

«...We Know and rely on the love» وفي الترجمة التفسيرية (كتاب الحياة) : «وضعنا ثقتنا فيها»، فنحن أمام جانبين متكاملين: أولاً: أن نعرف محبة اللّه لنا ثم نصدق / نؤمن / نثق / أو نعتمد على هذه المحبة. كثيرون من المؤمنين يسمعون كلمة اللّه في الكنيسة حول محبة اللّه. وقد تعزيهم هذه الرسائل وقد يؤمنون بها، لكنها لا تصبح حقيقية إلا إذا اعتمدنا عليها.

يجب أن نأخذ هذه الحقيقة بجدية، اللّه يحبنا حتى بذل أغلى ثمن في الكون من أجل فدائنا. وإذ فدانا، جعل لنا الميراث الكامل كله. علينا أن نبدأ بالسلوك وفق هذه الحقيقة وأن نعتمد عليها تاركين البخل والشح تجاه الآخرين وتجاه أنفسنا. علينا أن نتعلم كيف نكون مثل اللّه ... مسرفين!

التجاوب مع المحبة المسرفة

رأينا أن محبة اللَّه للبشر يمكن أن تقاس بمعايير موضوعية محددة. وأول ما تقاس به هو الثمن الذي دفعه اللَّه ويسوع، ونجد ذلك الثمن في مثلين قالهما يسوع: مثل الكنز المخفي في حقل ومثل اللؤلؤة كثيرة الثمن، ورأينا أن الثمن هو كل ما كان له. لقد بذل دم حياته؛ سكب نفسه، أو حياته للموت سافكاً دمه على سبع مراحل.

ثم يمكن قياس محبة اللَّه لنا بالميراث الذي أعطانا إياه في المسيح، فنحن ورثة اللَّه ووارثون مع المسيح. كل ميراث اللَّه الآب واللَّه الابن يصبح لنا نحن مع يسوع المسيح. يمكن إذاً إدراك المدى الهائل لمحبة اللَّه من خلال الثمن الذي دفعه والميراث الذي قدمه.

ننتقل الآن إلى الوجه الثاني للعملة وهو كيف نتجاوب مع محبة اللَّه المسرفة؟ علينا ببساطة

شديدة أن نكون مسرفين أيضاً، ولتوضيح ذلك نعود إلى قصة تبين لنا ما فعلته إحدى النساء من أجل يسوع قبل أسبوع واحد من موته. نقرأ من (مرقس ١٤: ٣-٩):

« وَفيمَا هُوَ (أي يسوع) فِي بَيْتِ عَنْيَا فِي بَيْتِ سِمْعَانَ الأَبْرَصِ وَهُوَ مُتَّكِئٌ، جَاءَتِ امْرَأَةٌ مَعَهَا قَارُورَةُ طِيبِ نَارِدِينٍ خَالِصٍ كَثِيرِ الثَّمَنِ، فَكَسَرَتِ الْقَارُورَةَ وَسَكَبَتْهُ عَلَى رَأْسِهِ. وَكَانَ قَوْمٌ مُغْتَاظِينَ فِي أَنْفُسِهِمْ فَقَالُوا: «لِمَاذَا كَانَ تَلَفُ الطِّيبِ هَذَا؟ لأَنَّهُ كَانَ يُمْكِنُ أَنْ يُبَاعَ هَذَا بِأَكْثَرَ مِنْ ثَلاَثِمِئَةِ دِينَارٍ وَيُعْطَى لِلْفُقَرَاءِ». وَكَانُوا يُؤَنِّبُونَهَا. أَمَّا يَسُوعُ فَقَالَ: «اتْرُكُوهَا! لِمَاذَا تُزْعِجُونَهَا؟ قَدْ عَمِلَتْ بِي عَمَلاً حَسَناً. لأَنَّ الْفُقَرَاءَ مَعَكُمْ فِي كُلِّ حِينٍ، وَمَتَى أَرَدْتُمْ تَقْدِرُونَ أَنْ تَعْمَلُوا بِهِمْ خَيْراً، وَأَمَّا أَنَا فَلَسْتُ مَعَكُمْ فِي كُلِّ حِينٍ. عَمِلَتْ مَا عِنْدَهَا. قَدْ سَبَقَتْ وَدَهَنَتْ بِالطِّيبِ جَسَدِي لِلتَّكْفِينِ. اَلْحَقَّ أَقُولُ لَكُمْ: حَيْثُمَا يُكْرَزْ بِهَذَا الإِنْجِيلِ فِي كُلِّ الْعَالَمِ يُخْبَرْ أَيْضاً بِمَا فَعَلَتْهُ هَذِهِ تَذْكَاراً لَهَا».

يختتم يسوع بكلمات مذهلة: « ... يُخْبَرْ أَيْضاً بِمَا فَعَلَتْهُ هَذِهِ تَذْكَاراً لَهَا». فلننظر في جزء من نص آخر في إنجيل (يوحنا ١٢: ٣ـ٦) يصف القصة نفسها. وهنا يتم التعريف بالمرأة وتُذكر جوانب أخرى من الحادثة:

«فَأَخَذَتْ مَرْيَمُ مَناً مِنْ طِيبِ نَارِدِينٍ خَالِصٍ كَثِيرِ الثَّمَنِ، وَدَهَنَتْ قَدَمَيْ يَسُوعَ وَمَسَحَتْ قَدَمَيْهِ بِشَعْرِهَا، فَامْتَلأَ الْبَيْتُ مِنْ رَائِحَةِ الطِّيبِ. فَقَالَ وَاحِدٌ مِنْ تلاَمِيذِهِ، وَهُوَ يَهُوذَا سِمْعَانُ الإِسْخَرْيُوطِيُّ الْمُزْمِعُ أَنْ يُسَلِّمَهُ: «لِمَاذَا لَمْ يُبَعْ هَذَا الطِّيبُ بِثَلاَثَمِئَةِ دِينَارٍ وَيُعْطَ لِلْفُقَرَاءِ؟». قَالَ هَذَا لَيْسَ لأَنَّهُ كَانَ يُبَالِي بِالْفُقَرَاءِ، بَلْ لأَنَّهُ كَانَ سَارِقاً وَكَانَ الصُّنْدُوقُ عِنْدَهُ، وَكَانَ يَحْمِلُ مَا يُلْقَى فِيهِ.»

أمامنا في هذه القصة ثلاثة عناصر هامة: ما فعلته مريم، وما فعله أو قاله يسوع، وردود فعل المنتقدين. أولاً: ماذا فعلت مريم؟ كانت مسرفة، فقد سكبت طيباً يصل ثمنه إلى أجر عامل لمدة سنة كاملة! سكبت ذلك الطيب الخالص كثير الثمن الذي

كان موضوعاً في قارورة ثمينة أيضاً كسرتها فتحطمت في لحظة ولم يُعد استخدامها ممكناً فيما بعد. إنه إسراف واضح لا شك فيه.

وقد كانت مريم مكرسة تماماً، فهي لم تسكب الطيب على رأس يسوع فقط كما نقرأ في مرقس، بل سكبته على قدميه ومسحت قدميه بشعرها كما نقرأ في يوحنا. تخيل مريم جاثية عند قدمي يسوع مدلية شعرها الطويل ماسحة قدميه بالطيب.

ونلتفت إلى عدد من الأقوال الحاسمة التي قالها يسوع عن تلك المرأة غير منحاز إلى المنتقدين. قال يسوع في (مرقس ١٤: ٦):

«**أَمَّا يَسُوعُ فَقَالَ: «اتْرُكُوهَا! لِمَاذَا تُزْعِجُونَهَا؟ قَدْ عَمِلَتْ بِي عَمَلاً حَسَناً.**» أي عملاً جميلاً فقد رأى يسوع في صنيع المرأة حُسناً وجمالاً لفت نظره. جميلة هي المحبة المسرفة.

وفي (مرقس ١٤: ٨) يقول يسوع عن المرأة: «**عملَتْ مَا عِنْدَهَا...**» عبارة بسيطة لكنها مهمة جداً، **إذ أن اللَّه لا يطلب منا أكثر مما عندنا، أو**

أكثر مما نستطيع. كثيراً ما سمعت قائلاً يقول: «أتمنى لو أستطيع أن أفعل المزيد.» لكن شيئاً في داخلي يتساءل دائماً: «هل عملوا حقاً ما عندهم؟» ولن يطالبك اللّه أكثر من استطاعتك. فإذا عملت ما عندك، يكون موقف يسوع منك كموقفه من تلك المرأة. وقال في (مرقس ١٤ : ٨) أيضاً:

«قَدْ سَبَقَتْ وَدَهَنَتْ بِالطِّيبِ جَسَدِي لِلتَّكْفِينِ» وهذا مثير للدهشة حقاً، فلم يكن بين التلاميذ من يؤمن فعلاً بأن يسوع سيموت في ذلك الوقت، أما مريم، من بين الناس جميعاً، فقد أُعْلِنَ لها أنه سيموت ويدفن. وعندما مات بالفعل على الصليب، لم يكن هناك وقت لدهن جسده حسب التقاليد التي تقضي بلف الجسد بالقماش ودهنه ببعض الطيب. لم تسنح الفرصة لأحد بعمل اللازم ـ أما مريم فكانت مصغية للروح القدس الذي يستطيع أن يتحدث إلى قلبها وإن لم يتحدث ـ بالضرورة ـ لعقلها. هناك مقولة فرنسية ترجمتها: «للقلب مَنْطِقُهُ الذي لا يعرف المنطق شيئاً عنه.».

وأعتقد أن قلب تلك المرأة كان فيه منطق ما. لم يدركه جميع الناس المنطقيين الجالسين هناك. أما مكافأة مريم الرائعة فنجدها في (مرقس ١٤: ٩):

«اَلْحَقَّ أَقُولُ لَكُمْ: حَيْثُمَا يُكْرَزْ بِهَذَا الإِنْجِيلِ فِي كُلِّ الْعَالَمِ يُخْبَرْ أَيْضاً بِمَا فَعَلَتْهُ هَذِهِ تَذْكَاراً لَهَا».

رغم أن هذه الرسالة المعلنة في هذا الكتيب تتميم لتلك النبوة لأنها سُمعت حول العالم عبر البرنامج الإذاعي، إلا أنها ليست إلا تتميماً واحداً من كثير، وأخيراً نحلل ردود فعل المنتقدين.

أولاً: كانوا بخلاء كما هو حال المتدينين عادةً. اسمع هذه المقولة الإنجليزية المعروفة: «أفقر من فأر كنيسة!» والتي تتضمن إشارة سيئة جداً، حيث أن العالم يرى أن فئران الكنائس أكثر فقراً من الفئران الأخرى! العالم يعتقد أن الكنيسة مجموعة من الفقراء البخلاء، وكثيرون هم المؤمنون الذين يوفرون سبباً جيداً لمثل هذا الاعتقاد. أما في قصتنا، فالمنتقدون هم البخلاء وليس يسوع ولا مريم.

ثانيـاً : كانـوا مرائـين؛ ففجـأة صـاروا مهتمين بـالفقراء عندمـا رأوا مريم تسـكب ذلك الطيب الثمين. وأشـك في أنهم كانوا يعملون الكثير من أجل الفقراء قبل تلك الحـادثة، أو أنـهم عملوا بعدهـا.

ثالثاً : كانوا يشعرون بـالتعاسة، وهو أمر طبيعي لكثيري الانتقـاد، حتى أنـهم لم يتمتعوا برائحـة الطيب! كان البيت كله مفعماً بـالرائحة الذكية، لكنهم كانوا مشغولين بغضبهم وانتقاداتهم فلم يستمتعوا بهـا.

وبينمـا نـأتي إلى ختام هذه الرسـالة، وبـالتحديد موضـوع التجاوب مع محبة اللّـه المسرفة، أحب أن أسـألك سـؤالاً شخصـياً إلى حدّ مـا: هــل لمس الروح القدس قلبك جاعلاً إياك مسرفاً في تكريس نفسـك ليسـوع؟ لا تسـتطيع أن تعمل شـيئاً مباشراً ليسوع نفسه لأنـه في السـمـاء، لكنك تستطيع أن تعمل شيئاً لجسـده كمـا فعلـت مـريم. وجسـده هو شـعبه على الأرض.

لقد تم بث هذه الرسـالة إلى منـاطق كثيرة بعيدة: كـالصين، الهند، أجزاء من أفريقيـا، وأمريكـا الجنوبيـة

والوسطى. وبالمعايير الأمريكية، يمكن اعتبار كثيرين من الذين سمعوها ـ أو ربما أغلبهم ـ فقراء إلى أبعد الحدود.

معظمهم لا يملكون مُلاءات يضعونها على أسرّتهم، بل منهم لا يملك سريراً أصلاً، فينام على حصيرة في سقيفة، كثيرون منهم يسيرون حفاة الأقدام، ومعظمهم ليس لهم اختيار فيما يأكلون، نحن اعتدنا على الاختيار بين طعام وطعام، حتى لم نعد ندرك أن العالم مليء ببشر ليس لهم أن يمارسوا يوماً هذا الاختيار، بل أن بعضهم لا يملك أن يوفر أي طعام مهما كان.

إن ساعدتني على الوصول إلى أولئك الناس، فأنت تعمل شيئاً من أجل جسد المسيح على الأرض. إذا لمس الروح القدس قلبك، أتكون مريم؟ تجرؤ على أن تكون مسرفاً؟ أتجرؤ على أن تعمل أموراً غير معتادة؟ قد ينتقدك المتدينون، لكن تذكر أن يسوع سيمدحك.